HISTÓRIA

ALEXANDRE ALVES
LETÍCIA FAGUNDES DE OLIVEIRA

CADERNO DE ATIVIDADES

NOME: _____ TURMA: _____

ESCOLA: _____

São Paulo – 1ª edição – 2018

Direção geral: Guilherme Luz
Direção editorial: Luiz Tonolli e Renata Mascarenhas
Gestão de projeto editorial: Tatiany Renó
Gestão e coordenação de área: Wagner Nicaretta (ger.) e Brunna Paulussi (coord.)
Edição: Érica Lamas
Gerência de produção editorial: Ricardo de Gan Braga
Planejamento e controle de produção: Paula Godo, Roseli Said e Marcos Toledo
Revisão: Hélia de Jesus Gonsaga (ger.), Kátia Scaff Marques (coord.), Rosângela Muricy (coord.), Hires Heglan, Larissa Vazquez, Patrícia Travanca e Rita de Cássia C. Queiroz
Arte: Daniela Amaral (ger.), Claudio Faustino (coord.), Meyre Diniz e Simone Aparecida Zupardo Dias (edição de arte)
Diagramação: MRS Editorial
Iconografia: Sílvio Kligin (ger.), Denise Durand Kremer (coord.), Monica de Souza/Tempo Composto e Thaisi Lima (pesquisa iconográfica)
Licenciamento de conteúdos de terceiros: Thiago Fontana (coord.), Luciana Sposito (licenciamento de textos), Erika Ramires, Luciana Pedrosa Bierbauer, Luciana Cardoso e Claudia Rodrigues (Analistas Adm.)
Tratamento de imagem: Cesar Wolf, Fernanda Crevin
Ilustrações: Biry Sarkis, Claudia Marianno e Milton Rodrigues Alves
Design: Gláucia Correa Koller (ger.), Flavia Dutra (proj. gráfico), Talita Guedes da Silva (capa) e Gustavo Natalino Vanini (assist. arte)

Todos os direitos reservados por Saraiva Educação S.A.
Avenida das Nações Unidas, 7221, 1º andar, Setor A –
Espaço 2 – Pinheiros – SP – CEP 05425-902
SAC 0800 011 7875
www.editorasaraiva.com.br

2023
Código da obra CL 800651
CAE 628123 (AL) / 628125 (PR)
1ª edição
9ª impressão

Impressão e acabamento: Gráfica Eskenazi

Apresentação

Este é o seu Caderno de Atividades.

Nele, você vai encontrar mais desafios para ajudar a ampliar seus conhecimentos e os conteúdos tratados no livro.

Bom trabalho e vamos lá!

Sumário

UNIDADE 1

O lugar onde eu moro 5
Moradias 5
Os bairros têm história 7

UNIDADE 2

Vivendo nas cidades 8
O cotidiano nas cidades 8
Os moradores da cidade 9
Cidade também tem história 10

UNIDADE 3

Migrações humanas: África, Europa e América 11
Os primeiros deslocamentos humanos 11
Trocas e conflitos: indígenas e portugueses 12
Migrações: trabalhadores livres . . . 13

UNIDADE 4

A formação das cidades 14
O desenvolvimento das cidades brasileiras 14
A formação das cidades no Brasil 15

UNIDADE 5

Invasões europeias no Brasil 17
Disputas pelo território do Brasil . . 17
Fortes e fortalezas na defesa do Brasil 18
O Brasil holandês 19

UNIDADE 6

Lugares de aprender 20
A rotina escolar 20
Tempo de conviver e aprender . . . 21

UNIDADE 7

Transportes: passado, presente e futuro 23
Meios de transporte 23
Tropas e tropeiros 25

UNIDADE 8

Cotidiano indígena 26
Os indígenas do Brasil 26
Cotidiano na aldeia 27
Valorização das culturas indígenas 28

UNIDADE 9

O encontro entre culturas 29
O encontro entre brancos e indígenas 29
As heranças indígenas 31
Como marcamos a passagem do tempo? 32

Biry Sarkis/Arquivo da editora

O lugar onde eu moro

Moradias

1 Complete a frase abaixo.

Os seres humanos precisam de moradia para ....
....
....
....

2 Observe as fotografias e faça o que se pede.

Moradia em Hoh Xil, na China, em 2017.

Moradia em Blumenau, estado de Santa Catarina, em 2017.

Moradia na Comunidade Travessão de Ouro, em Floresta, estado de Pernambuco, em 2017.

a) Relacione cada moradia das fotografias a sua descrição.

☐ A moradia é feita de taipa ou pau a pique: barro socado e madeira.

☐ Moradias de estilo enxaimel são típicas de algumas regiões da Alemanha. Em sua construção são utilizadas vigas de madeira encaixadas em diferentes posições, e os espaços vazios são preenchidos com tijolos.

☐ É um tipo de moradia prática para erguer e desmontar. Ela tem como base vigas horizontais, em geral de madeira. A cobertura é feita com tecidos ou outros materiais fáceis de transportar.

b) A moradia feita de taipa é um tipo de construção antigo e comum em muitas regiões do Brasil. Por que esse tipo de construção ainda é utilizado atualmente?

....

....

....

Os bairros têm história

3 Leia o texto sobre o bairro de Guaianases, localizado no município de São Paulo.

> **Novo bairro imigrante**
>
> Assim como a Mooca se tornou um reduto de imigrantes italianos, o Bom Retiro, de judeus, e a Liberdade, de orientais, Guaianases – historicamente morada de nordestinos – é hoje o bairro de africanos e haitianos. [...]
>
> Quem anda pelas ruas estreitas logo percebe a presença dos estrangeiros: na feira, nas igrejas, na estação de trem. [...]
>
> A paisagem de Guaianases acompanha a transformação da área em bairro imigrante. Surgem bares de música africana, restaurantes típicos, [...] cabeleireiros. [...]
>
> PRADO, Leandro Machado Avener. Novo bairro imigrante. Nação Guaianases. **Folha de S.Paulo**. Disponível em: <http://temas.folha.uol.com.br/novo-bairro-imigrante/chegada/informalidade-e-precos-tornam-guaianases-novo-bairro-imigrante.shtml>. Acesso em: maio 2018.

a) Complete as frases corretamente.

■ No passado, em Guaianases moravam muitos _____.

■ Atualmente Guaianeses é um bairro onde vivem muitos
_____.

b) Quais são os espaços públicos citados?
_____

c) Sublinhe no texto o trecho que revela as transformações que estão ocorrendo no bairro de Guaianases.

d) O que gerou essas transformações?
_____
_____

UNIDADE 2

Vivendo nas cidades

O cotidiano nas cidades

1 Observe as fotografias e leia as legendas.

A cidade de São Joaquim, no estado de Santa Catarina, é considerada a cidade mais fria do Brasil. No inverno recebe muitos turistas curiosos para ver as ruas e praças cobertas de gelo. Foto de 2018.

A cidade de Paraty, no estado do Rio de Janeiro, atrai turistas o ano todo, por seus atrativos históricos e naturais. Mas é especialmente durante a Flip (Festa Literária Internacional de Paraty) que a cidade atrai o maior número de turistas. Foto de 2017.

a) O que essas duas cidades têm em comum?

....

b) Quais são as opções de lazer oferecidas nas duas cidades?

....

....

Os moradores da cidade

2 Observe o gráfico e responda às questões.

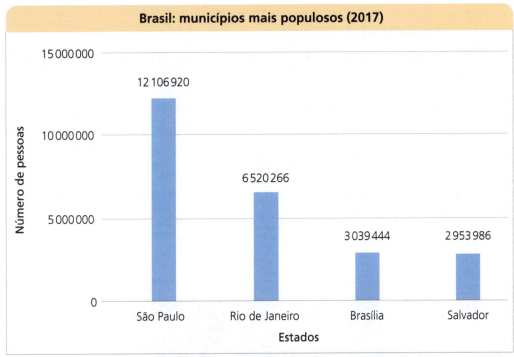

Fonte: IBGE divulga as estimativas populacionais dos municípios para 2017. **Agência IBGE Notícias**. Disponível em: <https://agenciadenoticias.ibge.gov.br/agencianoticias.html>. Acesso em: jul. 2018.

a) Qual é o município com o maior número de habitantes?

....

b) De acordo com o gráfico, assinale a resposta correta.

■ Qual desses municípios possui o menor número de habitantes?

☐ Brasília   ☐ Salvador

☐ Rio de Janeiro   ☐ São Paulo

c) Qual é o número de habitantes de Brasília e de Salvador?

....

....

Cidade também tem história

3 Leia o texto e responda às questões.

Ouro Preto

A origem de Ouro Preto está no arraial do Padre Faria, fundado [...] por volta de 1698.

Pela junção desses vários arraiais, tornando-se sede de conselho, foi elevada à categoria de vila em 1711 com o nome de Vila Rica. Em 1720 foi escolhida para capital da nova capitania de Minas Gerais. Em 1823, após a Independência do Brasil, Vila Rica recebeu o título de Imperial Cidade, [...] tornando-se oficialmente capital da então província das Minas Gerais e passando a ser designada como Imperial Cidade de Ouro Preto.

PREFEITURA DE OURO PRETO. **História: origens**. Disponível em: <www.ouropreto.mg.gov.br/historia>. Acesso em: maio 2018.

Capela Nossa Senhora do Rosário dos Brancos, conhecida como Capela do Padre Faria, construída em 1710. Ouro Preto, estado de Minas Gerais, em 2015.

a) Sublinhe no texto a data de origem de Ouro Preto.

b) Complete as frases de acordo com a história de Ouro Preto.

- Em 1711, Ouro Preto foi elevada à categoria de _____.

- Ouro Preto foi escolhida para capital da capitania de _____.

- Tornou-se capital da província das Minas Gerais em _____.

Migrações humanas: África, Europa e América

Os primeiros deslocamentos humanos

1 Complete as frases abaixo com as palavras do quadro.

> agricultura   nômades   comida   fixar   comunidades

a) Os primeiros seres humanos eram _____. Eles se deslocavam com frequência para encontrar _____.

b) Com o desenvolvimento da _____ e da criação de animais, as populações passaram a se _____ nos territórios, formando as primeiras _____.

2 Observe a fotografia, leia a legenda e responda às questões.

Criação de cabras e bodes no Sertão nordestino, em Boa Vista, estado da Paraíba, em 2015.

a) Qual é a atividade mostrada na fotografia?

b) Essa antiga atividade sofreu modificações ao longo do tempo?

Trocas e conflitos: indígenas e portugueses

3 Observe as fotografias.

Indígenas da etnia Kayapó descansando em rede, em São Félix do Xingu, estado do Pará, em 2015.

Indígena da etnia Terena colhendo mandioca, em Dourados, estado de Mato Grosso do Sul, em 2015.

Indígenas da etnia Kamayurá pescando no Parque Indígena do Xingu, estado de Mato Grosso, em 2014.

a) Esses hábitos e costumes indígenas ainda são praticados hoje em dia? Explique.

b) Esses hábitos e costumes são exclusivos dos indígenas? Explique.

Migrações: trabalhadores livres

4 Leia o depoimento do senhor José Dantas e responda às questões.

> [...] Nasci no Rio Grande do Norte numa cidade do Interior, bem interiorana, lá no sertão do Rio Grande do Norte, chamada Cerro Corá. [...] Eu sou um migrante e sou uma das vítimas da grande seca que ocorreu no período de 1954 a 1955. Nessa época o meu pai era um pequeno comerciante e por força da necessidade econômica foi obrigado a fugir, literalmente, do Nordeste e procurar novos rumos. [...] Eu vim em 1956 e meu pai veio trabalhar [...] lá em Arraial do Cabo [no Rio de Janeiro].
>
> **Museu da Pessoa**. Disponível em: <www.museudapessoa.net/pt/conteudo/historia/novos-mundos-44985>. Acesso em: abr. 2018.

a) Sublinhe no texto o trecho sobre o local onde o senhor José Dantas nasceu.

b) Para onde o senhor José Dantas e sua família se mudaram?

c) Por que eles precisaram migrar?

5 Leia as frases abaixo sobre alguns processos de migração no Brasil. Assinale as frases verdadeiras.

☐ Milhões de africanos foram escravizados e forçados a migrar para o Brasil.

☐ Alguns africanos que migraram para o Brasil resistiram à escravização de diversas formas.

☐ Quando chegaram ao Brasil, os imigrantes abandonaram totalmente seus hábitos, costumes e tradições.

☐ O Brasil recebeu muitos imigrantes italianos, portugueses, alemães, espanhóis e japoneses logo após a abolição do trabalho escravo, no final no século XIX.

UNIDADE 4

A formação das cidades

O desenvolvimento das cidades brasileiras

1 A cidade de São Paulo foi fundada no século XVI. Leia o texto sobre as mudanças que ocorreram na cidade ao longo do tempo e responda às questões.

> **A iluminação em São Paulo**
>
> Os anos foram passando e já estamos no século XXI, muitas coisas aconteceram desde a fundação da cidade de São Paulo. As vielas e becos transformaram-se em ruas e avenidas, as antigas casas de taipa de pilão em edifícios, o lampião a gás em luminárias de vapor de sódio. [...]
>
> Em 1830, foi estabelecido o uso de lampiões públicos de azeite na iluminação das ruas. Na época, a vida social começou a se agitar e com a iluminação foi possível as pessoas marcarem encontros na cidade.
>
> PREFEITURA DE SÃO PAULO. Departamento de Iluminação Pública. **História da Iluminação**. Disponível em: <www.prefeitura.sp.gov.br/cidade/secretarias/obras/ilume/historia/index.php?p=312>. Acesso em: maio 2018.

a) Por que o uso de lampiões públicos mudou a vida dos habitantes da cidade de São Paulo a partir de 1830?

_____

_____

b) Classifique as alternativas que apresentam características da cidade de São Paulo. Pinte de **azul** as características da cidade de São Paulo antigamente e de **verde** as características atuais.

☐ Bondes   ☐ Casas de taipa de pilão

☐ Automóveis   ☐ Postes de rede elétrica

☐ Ruas e avenidas   ☐ Lampiões a gás

☐ Vielas e becos   ☐ Edifícios

A formação das cidades no Brasil

2 Escreva as palavras que correspondem às definições abaixo.

a) Casa do Poder Legislativo (que elabora as leis) e da fiscalização das ações do Poder Executivo (que administra o município): ....

b) Coluna de pedra erguida em praça pública onde os criminosos eram exibidos e castigados: ....

c) Casa do Poder Executivo (administrativo) de um município e onde trabalham o prefeito e seus funcionários: ....

3 Complete as frases com as palavras e a expressão do quadro.

| cidades   Câmara municipal   povoado   vila   Prefeitura |

a) Antigamente, um pequeno núcleo de habitantes era chamado de .... Depois, com o aumento da população e a criação de estabelecimentos comerciais e de serviços, ele se tornava uma ....

b) As .... tinham uma população maior que as vilas. Além das diversas atividades econômicas, uma das principais características das cidades era ter um centro de poder administrativo e político, ou seja, a .... e a ....

4 Leia o texto sobre a história da cidade de Triunfo, no estado de Pernambuco, e responda às questões.

História de Triunfo

No final do século XVIII, a serra da Baixa Verde, que tinha como habitantes os indígenas Cariris, era arrendada a Domingos Pereira Pita, que depois se tornou proprietário.

Em novembro de 1803, o missionário frei Ângelo Maurício Niza construiu na Baixa Verde uma capelinha, sob a invocação de Nossa Senhora das Dores, padroeira da cidade até hoje. Coube a frei Ângelo a fundação do povoado, em 1824.

Sendo um dos menores municípios da área do Sertão de Pernambuco, Triunfo foi elevado à categoria de vila em 1872 e elevado à condição de cidade e sede do município em 1884.

Texto elaborado pelos autores com base em: INSTITUTO BRASILEIRO DE GEOGRAFIA E ESTATÍSTICA (IBGE). **História. Triunfo – Pernambuco**. Disponível em: <https://cidades.ibge.gov.br/brasil/pe triunfo/historico>. Acesso em: abr. 2018.

a) Onde se localiza a cidade de Triunfo?

....

b) Quem fundou o povoado?

....

c) Complete a linha do tempo com as datas dos principais acontecimentos da cidade de Triunfo.

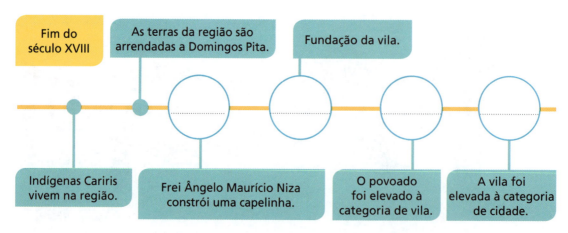

UNIDADE 5

Invasões europeias no Brasil

Disputas pelo território do Brasil

1 Leia o texto sobre o pirata inglês Thomas Cavendish e responda às questões.

> **saquear:** roubar, devastar.

Além do butim

[...] Thomas Cavendish teve sorte ao chegar com sua esquadra à vila de Santos, em 1591, e encontrar todos os moradores reunidos para a missa de Natal. Já conhecido como "franco ladrão dos mares", Cavendish prendeu todos, instalou-se na sacristia do colégio dos jesuítas e durante dois meses **saqueou** a vila com seus homens e queimou arquivos públicos e engenhos de cana-de-açúcar. Era mais um ataque de piratas à costa brasileira. [...].

FIORAVANTI, Carlos. Além do butim. **Revista Pesquisa Fapesp**, ed. 227, jan./2015. Disponível em: <http://revistapesquisa.fapesp.br/wp-content/uploads/2015/01/068-071_Piratas_227.pdf>. Acesso em: maio 2018.

Gravura de Thomas Cavendish, de cerca de 1620.

a) Sublinhe no texto o trecho que indica como era conhecido Thomas Cavendish.

b) Em que ano ele chegou à vila de Santos, em São Paulo?

c) Por que Thomas Cavendish e outros estrangeiros atacavam o território brasileiro?

2 Complete o texto sobre a presença dos franceses no Rio de Janeiro utilizando a data, as palavras e as expressões do quadro.

> pau-brasil   baía de Guanabara   povoado   França Antártica   1555

Em ...., os franceses chegaram à ...., ..., no Rio de Janeiro, e organizaram um pequeno .... O objetivo era iniciar uma colônia que seria chamada de .... Eles planejavam comercializar o ....

Fortes e fortalezas na defesa do Brasil

3 Em 1631, os holandeses construíram o forte Orange, hoje considerado patrimônio histórico brasileiro. Observe a fotografia e responda às questões.

Vista aérea do forte Orange, localizado na ilha de Itamaracá, estado de Pernambuco, em 2017.

a) Por que o litoral foi o local escolhido para construir o forte Orange?

....

....

b) Por que o forte Orange é considerado patrimônio histórico do Brasil?

....

....

O Brasil holandês

4 Observe as pinturas e leia as legendas. Depois, responda às questões.

Bananas, goiaba e outras frutas, de Albert Eckhout, s.d. (óleo sobre tela de 91 cm × 91 cm). Albert Eckhout foi um pintor e desenhista holandês que dividiu com Frans Post a tarefa de retratar o Brasil para os europeus.

O carro de bois, de Frans Post, 1638 (óleo sobre tela de 62 cm × 95 cm). Frans Post fazia parte da comitiva do conde holandês Maurício de Nassau.

a) Esses artistas vieram ao Brasil em qual período?

....

b) Escolha uma das pinturas e descreva o que ela revela sobre o cotidiano do Nordeste brasileiro naquele período.

....

....

....

19

UNIDADE 6

Lugares de aprender

A rotina escolar

1 Leia o relato de Marina sobre sua rotina escolar em determinada semana.

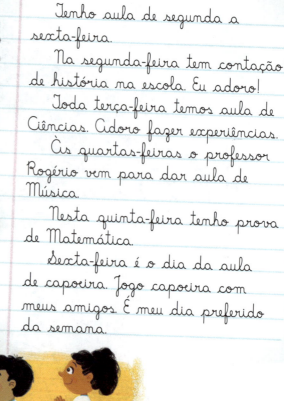

Tenho aula de segunda a sexta-feira.
Na segunda-feira tem contação de história na escola. Eu adoro!
Toda terça-feira temos aula de Ciências. Adoro fazer experiências.
Às quartas-feiras o professor Rogério vem para dar aula de Música.
Nesta quinta-feira tenho prova de Matemática.
Sexta-feira é o dia da aula de capoeira. Jogo capoeira com meus amigos. É meu dia preferido da semana.

a) As atividades que Marina realiza na escola são muito diferentes das que você realiza? O que é semelhante e o que é diferente?

_____

_____

b) Indique quem faz parte da rotina de Marina.

☐ Apenas os professores e colegas.   ☐ Somente a família.

☐ A comunidade escolar e a família.

20

: Tempo de conviver e aprender

2 Leia as frases abaixo e assinale aquelas que são verdadeiras.

☐ A escola tem regras que devem ser respeitadas por todos.

☐ Conservar os espaços da escola também é uma regra de boa convivência.

☐ Para que todos convivam em harmonia, é preciso respeitar todos os colegas e profissionais da escola.

☐ Na escola não é possível fazer amigos.

3 Observe a fotografia ao lado, leia a legenda e responda às questões a seguir.

Fernando Favoretto/Criar Imagem

Alunos jogam queimada em escola localizada em São Miguel Paulista, estado de São Paulo, em 2014.

a) Além de jogar, o que é possível aprender nessa aula?

_____

_____

_____

b) Para participar dessa aula, é preciso que todos respeitem as regras do jogo. Caso algum aluno não respeite as regras, todos conseguirão participar da aula e realizar as atividades?

_____

_____

_____

4 Leia o texto abaixo sobre a comunidade quilombola de Nazaré e responda às questões.

> Na comunidade quilombola de Nazaré, localizada no Município de Serrano do Maranhão, no estado do Maranhão, tudo o que os alunos aprendem tem relação com o dia a dia da comunidade.
>
> As crianças aprendem sobre a riqueza dos frutos da região que é a base da alimentação e da economia da comunidade. Aprendem também sobre a importância de conservar o ambiente onde vivem.
>
> Nas aulas os alunos aprendem sobre a pesca e o cultivo de alimentos. Eles ouvem histórias sobre como essas atividades foram iniciadas pelos seus antepassados e descobrem como elas são importantes até hoje.
>
> Trançar os cabelos também faz parte dos estudos de História. Os alunos aprendem a fazer as tranças, assim como seus antepassados faziam. Esse costume é transmitido pelos mais velhos aos mais novos até hoje.
>
> Texto elaborado pelos autores especialmente para esta obra.

a) Qual é o assunto tratado no texto? Assinale com um **X**.

☐ Na escola da comunidade quilombola de Nazaré, os alunos não têm aula de História, porque aprendem somente os costumes de seus antepassados.

☐ Na escola da comunidade quilombola de Nazaré, os alunos aprendem sobre a região onde vivem, a história e a cultura de seus antepassados.

b) Cite um costume que você aprendeu com alguma pessoa da sua família.

....

....

....

c) Com quem você aprendeu isso? Quem ensinou esse costume a essa pessoa?

....

....

UNIDADE 7

Transportes: passado, presente e futuro

Meios de transporte

1) Observe as fotografias, leia as legendas e responda às questões.

Avenida Presidente Vargas, na cidade do Rio de Janeiro, estado do Rio de Janeiro, em 1958.

Avenida Presidente Vargas em 2017.

a) Indique o ano em que as fotografias foram tiradas.

Fotografia A: _____

Fotografia B: _____

b) Comparando as datas das fotos, quantos anos se passaram entre uma e outra?

_____

c) Ao longo desses anos, a quantidade de veículos aumentou ou diminuiu?

_____

d) Que problemas essa mudança trouxe para os habitantes desse lugar?

_____

23

2 Observe abaixo as mudanças que o sistema de transporte sofreu em Belo Horizonte, capital de Minas Gerais, em determinado período.

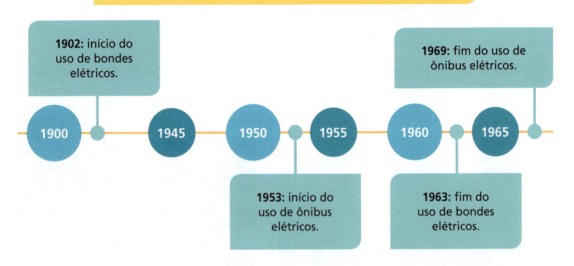

a) Durante quantos anos os bondes elétricos foram utilizados em Belo Horizonte? _____

b) Qual foi o meio de transporte utilizado por mais tempo em Belo Horizonte?

_____

_____

_____

c) Os bondes elétricos e os ônibus elétricos são meios de transporte públicos ou privados?

_____

3 Quem deve respeitar as leis de trânsito? Assinale a resposta correta.

☐ Apenas os pedestres.   ☐ Os pedestres e os motoristas.

☐ Os motoristas e os ciclistas.   ☐ Todos.

Tropas e tropeiros

4 Observe a gravura, leia a legenda e responda às questões.

Caravana de tropeiros próximo à serra dos Órgãos, de Johann Moritz Rugendas, cerca de 1835 (litografia colorida à mão, 51,3 cm × 35,5 cm).

a) Complete o quadro com as informações da gravura.

NOME DO ARTISTA:		ANO:	
TÍTULO DA OBRA:			

b) Que forma de transporte foi representada pelo artista?

....

c) Qual era a importância dessa forma de transporte para o Brasil?

....

....

Cotidiano indígena

Os indígenas do Brasil

1 Leia o texto abaixo sobre as Terras Indígenas.

> **A maior parte das Terras Indígenas é afetada de alguma forma pela presença de invasores**
>
> Essas invasões estão relacionadas à atividade agropecuária, à exploração mineral, à extração madeireira e à construção de rodovias e hidrelétricas. O resultado disso é o afastamento dos índios de suas terras e até o seu **extermínio**, levando à **degradação** ambiental do território indígena e comprometendo a sobrevivência e a qualidade de vida das sociedades que o habitam.
>
> INSTITUTO BRASILEIRO DE GEOGRAFIA E ESTATÍSTICA (IBGE). **Brasil 500 anos**. Disponível em: <https://brasil500anos.ibge.gov.br/territorio-brasileiro-e-povoamento/historia-indigena/terras-indigenas.html>. Acesso em: abr. 2018.

extermínio: massacre, destruição.
degradação: destruição, estrago, devastação.

a) Qual é o assunto do texto? Marque com um **X**.

☐ A preservação das Terras Indígenas pelos invasores.

☐ A localização das Terras Indígenas.

☐ As invasões das Terras Indígenas.

b) Indique algumas atividades que os invasores realizam nas Terras Indígenas.

_____

_____

_____

c) Sublinhe no texto o trecho que diz como o modo de vida dos indígenas é afetado com essas invasões.

26

Cotidiano na aldeia

2 Leia o texto e responda às questões.

Em geral, os índios têm uma alimentação variada e equilibrada. A carne – seja de peixe ou de caça – é a sua principal fonte de proteínas. [...]

Faz parte ainda da alimentação indígena uma raiz que você deve conhecer: a mandioca! Ela pode ser consumida na forma de farinha ou como o principal ingrediente de uma receita pra lá de especial: o beiju! [...]

Na alimentação indígena também não faltam pimentas e frutas. [...]

Um jeito especial de fazer refeições

Pelo menos duas vezes ao dia, as mulheres indígenas se reúnem para compartilhar seus alimentos com os outros habitantes da aldeia. Funciona assim: cada uma leva a comida feita na sua casa. As pessoas sentam-se em um grande salão e esperam com o prato na mão, enquanto os jovens da comunidade passam distribuindo a comida. "É uma demonstração de união e solidariedade, além de ser uma forma de garantir que todos possam comer daquela comida" [...].

Descubra como povos indígenas do Amazonas preparam as suas refeições!. **Ciência Hoje das Crianças**. Disponível em: <http://chc.cienciahoje.uol.com.br/na-cozinha-com-os-indios/>. Acesso em: jun. 2018.

a) Procure no dicionário as palavras que você desconhece e anote o significado delas no caderno.

b) Sublinhe no texto os alimentos que compõem a alimentação dos indígenas brasileiros.

c) Qual é a diferença entre a forma de se alimentar dos indígenas e a dos não indígenas?

Valorização das culturas indígenas

3 Leia o texto e responda às questões.

> Os Paumari vivem no sul do estado do Amazonas e falam um idioma da família linguística Arawá. A partir da década de 2000, os Paumari enfrentaram transformações relacionadas à educação escolar nas aldeias que levaram a uma crescente desvalorização da sua língua. Os pais foram deixando de falar o idioma Paumari com os filhos e com o passar dos anos surgiu uma nova geração que não conhece essa língua e que se distanciou dos saberes de seu povo, transmitidos através do idioma indígena.
>
> Como valorizar as línguas indígenas? **Povos indígenas do Brasil Mirim**. Disponível em: <https://mirim.org/linguas-indigenas/como-valorizar>. Acesso em: abr. 2018.

a) Por que é importante para os povos indígenas aprender a própria língua, além do português?

_____
_____
_____

b) Para incentivar o interesse dos jovens pela própria língua, os professores Paumari decidiram organizar um campeonato da língua Paumari, que reuniu pessoas de várias aldeias. Cite outra forma de promover a língua entre os jovens Paumari.

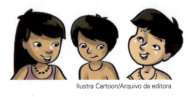

Ilustra Cartoon/Arquivo da editora

_____
_____
_____
_____

UNIDADE 9

O encontro entre culturas

O encontro entre brancos e indígenas

1 Observe a pintura, leia a legenda e responda às questões.

Desembarque de Pedro Álvares Cabral em Porto Seguro em 1500, de Oscar Pereira da Silva, 1922 (óleo sobre tela, de 3,3 m × 19 m).

a) De acordo com a legenda, em que ano a pintura foi produzida?

_____

b) A pintura representa a chegada de portugueses ao território brasileiro. Em que ano esse acontecimento ocorreu?

_____

c) Com base na data em que a pintura foi feita, podemos dizer que o artista presenciou esse acontecimento?

☐ Não. O artista fez a pintura da forma como interpretou o acontecimento.

☐ Sim. O artista viu esse acontecimento e representou o que observou.

2) Leia as afirmações abaixo sobre o encontro entre portugueses e indígenas no território brasileiro no século XVI. Assinale as verdadeiras.

☐ Os europeus cruzaram os oceanos em busca de riquezas e de novas terras há menos de 100 anos.

☐ Os europeus encontraram povos que já conheciam quando chegaram à América.

☐ O encontro entre portugueses e indígenas causou estranhamento entre os dois povos, porque eles tinham culturas e costumes muito diferentes.

☐ O primeiro encontro entre portugueses e indígenas ocorreu há mais de 500 anos.

3) Faça um desenho para representar como você imagina que tenha sido o primeiro encontro entre indígenas e portugueses no território do Brasil.

As heranças indígenas

4 Leia a letra desta canção de Hélio Ziskind.

Tu Tu Tu Tupi

Tu Tu Tu Tu
Tu Tupi

Todo mundo tem
um pouco de índio
dentro de si
dentro de si

Todo mundo fala
língua de índio
Tupi-Guarani
Tupi-Guarani

E o velho cacique já dizia
tem coisas que a gente sabe
e não sabe que sabe e ô e ô

O índio andou pelo Brasil
deu nome pra tudo que ele viu
Se o índio deu nome, tá dado!
Se o índio falou, tá falado!

ZISKIND, Hélio. Tu Tu Tu Tupi. In: _____.
Meu pé meu querido pé. São Paulo: MCD, 1997.

Milton Rodrigues Alves/
Arquivo da editora

a) A letra da canção diz que **todo mundo fala língua de índio**. Você concorda com essa afirmação? Explique.

_____

_____

b) A última estrofe diz que:

O índio andou pelo Brasil
deu nome pra tudo que ele viu

■ Na sua opinião, o que o autor da canção quis dizer com isso? Assinale com um **X**.

☐ Que o índio andou pelo Brasil dando nome a tudo o que via.

☐ Que tudo o que existia no território brasileiro já tinha nome em tupi-guarani, língua falada por vários povos indígenas.

☐ Que as palavras que usamos atualmente são todas herdadas do tupi-guarani.

5. Leia o significado de algumas palavras de origem indígena que usamos no dia a dia. Relacione cada palavra do quadro ao seu significado.

| urubu | pipoca | caipira | bichano |

- Significa **o que arranha**: ....
- Significa **de dentro do mato**: ....
- Significa **pele rebentada**: ....
- Significa **ave grande e negra**: ....

Como marcamos a passagem do tempo?

6. Observe as imagens abaixo. Relacione cada imagem à sua forma de marcar o tempo.

Calendário gregoriano.

Calendário dos indígenas Waiãpi.

Relógio analógico.

☐ A passagem do tempo é organizada de acordo com o cultivo agrícola e o ritmo da natureza.

☐ A passagem do tempo é marcada em segundos, minutos e horas.

☐ A passagem do tempo é marcada em dias, semanas, meses e anos.